Fensterbilder für Jungs

Mal schaut ein Ritter über die Burgmauer und mal kämpft er mutig gegen einen Drachen. Der Gladiator begegnet einem Löwen und der Fußballer wartet auf seinen Einsatz. Gleich dahinter passt der Polizist auf und der Pirat findet eine Schatzkarte. Die Dinos brüllen, der Cowboy sitzt siegessicher auf dem Bullen oder der fleißige Bauer holt seine Ernte ein.

Drachenkämpfer, Ritter, Piraten, Cowboy, Indianer, Bauarbeiter, Bauer, Gladiator und Fußballer. So vielfältig sind die Interessen der Jungen. Da ist für jeden ein Lieblingsmotiv dabei. Die Helden sind tapfer, mutig, fleißig, sportlich und abenteuerlustig. Schnell basteln und im Kinderzimmer dekorieren, damit ihre Jungs ihr Lieblingsmotiv immer um sich haben!

Viel Freude beim Basteln wünscht

Anja Ritterhoff

IHRE GRUND-AUSSTATTUNG

Die angeführten Materialien und Hilfsmittel werden für die meisten der gezeigten Motive benötigt. In den einzelnen Materiallisten werden die Hilfsmittel nicht nochmals genannt.

- Fotokarton in verschiedenen Farben
- Plastik-Halbperlen in Schwarz, ø 5 mm
- festes Transparentpapier (Architektenpapier) oder Paus- bzw. Kopierpapier
- dünne Pappe
- Bleistift
- Radiergummi
- Anspitzer
- Lineal
- evtl. Kreisschablone
- spitze Schere
- Cutter mit geeigneter Schneideunterlage
- Bunt- und Filzstifte in verschiedenen Farben
- Fineliner in Schwarz
- Filzstift in Schwarz, breit
- Filzstift in Gold, fein
- Bürolocher
- UHU Alleskleber
- Klebefilm

Hinweis: Mit „Rest" ist immer ein Stück gemeint, das maximal A5 groß ist.

Tipps: Bei einigen Motiven werden die einzelnen Motivteile vor dem Zusammenkleben mit einem breiten, schwarzen Filzstift konturiert. Dafür das Motivteil auf ein Blatt Papier legen und den Filzstift so an den Konturen des Motivs entlangführen, dass er halb auf dem Motivteil und halb auf dem weißen Blatt malt. So werden die Konturen sehr sauber.

Die Figuren sind ca. 25 – 35 cm groß. Für jüngere Kinder oder für eine hübsche Raumdekoration können die Vorlagen gut auf einem Kopierer vergrößert werden.

So wird's gemacht

1 Das Architektenpapier auf den Vorlagenbogen legen und mit einem Bleistift alle benötigten Motivteile ohne Überschneidungen abpausen. Für Schablonen das Architektenpapier auf eine dünne Pappe kleben und ausschneiden. Oder das feste Transparentpapier als Schablone verwenden. Alternativ kann auch Kopierpapier zum Übertragen verwendet werden.

2 Die Schablone auf das gewünschte Material legen und mit einem Bleistift umfahren. So werden alle Teile auf das Papier übertragen. Bei bedrucktem Papier das Motiv seitenverkehrt auf die Rückseite übertragen. Hologrammfolie vor dem Verarbeiten auf Fotokarton kleben. Die einzelnen Teile sorgfältig mit einer Schere oder mit dem Cutter ausschneiden.

3 Zum Übertragen von Gesichtern und Details diese mit Transparentpapier von der Vorlage abpausen. Die Rückseite mit einem weichen Bleistift schraffieren. Das Transparentpapier auf das Motiv legen und die Konturen vorsichtig nachziehen. So übertragen sie sich auf den Fotokarton und können dann mit der gewünschten Farbe nachgezogen werden.

4 Das Motiv gemäß der jeweiligen Anleitung zusammensetzen.

5 Das Fensterbild gemäß Abbildung und Vorlage bemalen. Die Wangen werden aufgerieben. Dafür z. B. einen orangefarbenen Buntstift anspitzen und mit dem Zeigefinger in den Anspitzeresten reiben. Die so aufgenommene Farbe auf die Wangenpartie des Motivs aufreiben.

Hinweis: Die Motive haben verschiedene Augen. Sie werden aufgemalt oder es werden schwarze Plastik-Halbperlen auf weiße Augen aufgeklebt. Am einfachsten ist es, mithilfe einer Kreisschablone einen schwarzen Punkt zu malen.

Feuerwehrmann

→ in vollem Einsatz

MOTIVHÖHE
ca. 35 cm

MATERIAL

- Fotokarton in Dunkelblau und Weiß, A4
- Fotokartonreste in Hellgelb, Hautfarbe, Hellbraun, Schwarz, Rot, Hellblau, Mittelblau und Grau
- Transparentpapierrest in Klar
- 2 Halbperlen in Schwarz, ø 5 mm
- wasserfester Filzstift in Silber
- Filzstifte in Silber, Rot und Schwarz
- Buntstift in Orange

VORLAGENBOGEN 1A

1 Die Haare mit dem Cutter einschneiden (gestrichelte Linie). Einzelteile gemäß Abbildung schwarz konturieren. Die Bemalung übertragen.

2 Den Kopf unter die Haare schieben und von hinten festkleben. Den Helm aufkleben und das Visier aus Transparentpapier anbringen. In den eingeritzten Kragen (gepunktete Linie) von hinten das hellblaue T-Shirt kleben und den Hals von vorn einschieben, sodass er hinter dem T-Shirt auf dem Kragen liegt. Den schwarzen Nackenschutz von hinten ergänzen. Den Schutzanzug mit gelben Leuchtstreifen bekleben. Die Leuchtstreifen mit silbernen Streifen bemalen. Gürtel und Axt zusammenfügen und dann aufkleben.

3 Oben an den Schlauch die graue Spritzdüse kleben. Den linken Handschuh am Daumen einritzen (gepunktete Linie) und den Schlauch einschieben. Oben die andere Hand auf den Schlauch kleben. Das hellblaue Wasser auf die Düse, das mittelblaue Wasser hinter die Düse kleben. Den Hydranten hinter den Schlauch kleben. Alles auf dem Wasser platzieren.

4 Die restliche Bemalung übertragen. Augen aufkleben und das Gesicht gestalten.

MOTIVHÖHE
ca. 15 cm

MATERIAL
- Fotokarton in Schwarz, A4
- Fotokartonreste in Weiß, Gelb, Dunkelbraun, Hautfarbe, Dunkelgrün, Grau, Hellbraun, Rosa und Rot
- Filzstift in Schwarz
- Buntstifte in Rosa, Orange, Rot und Weiß

VORLAGENBOGEN 1A

Bauer mit Traktor

→ fleißig bei der Arbeit

1 Die rote Motorhaube und den Kotflügel aufkleben. Die beiden Reifen mit den Radkappen darüber platzieren und die Leiter dazwischen von hinten befestigen.

2 Das Führerhaus hinter den Traktor kleben. Das Lenkrad mit Cockpit sowie den Sitz von hinten anfügen. Das rote Dach aufkleben. Lichter und Auspuff anfügen.

3 Haare und Mütze auf den Kopf kleben und diesen hinter dem Pullover fixieren. Die Hand hinter den Ärmel kleben und den Arm auf dem Pullover befestigen. Den Bauern so in den Traktor setzen, dass er das Lenkrad festhält. Dann die Hose ergänzen.

4 Den Anhänger unten schwarz bemalen. Die Räder von vorne, das grüne Teil von hinten ankleben. Das Schweinchen, die Säcke und den zusammengefügten Jungen einkleben, dann die Strohballen ergänzen.

5 Die Bemalung übertragen. Beim Schweinchen die Augen mit weißem Buntstift malen und schwarz umranden. Die Pupille aufmalen.

Fußballer

→ ganz schön wild!

MOTIVHÖHE
ca. 27 cm

MATERIAL

- Fotokarton in Hellgrün und Weiß, A4
- Fotokartonreste in Gelb, Hautfarbe, Dunkelbraun, Orange und Schwarz
- 2 Halbperlen in Schwarz, ø 5 mm
- Filzstift in Schwarz
- Buntstifte in Rot, Orange und Braun

VORLAGENBOGEN 1B

1 Die Haare einschneiden (gepunktete Linie), das Gesicht einschieben und festkleben. Die Kappe auf die Haare kleben, sodass sie ein Stück hinter dem Ohr sitzt. Die Nackenhaare hinter das Ohr kleben und den Kappenschirm ergänzen. Das schwarze Kappenmittelteil und die orangefarbene Mützenmitte ankleben.

2 Den Kragen auf das T-Shirt kleben und den Kopf darauf anbringen. Die Hose hinter das Trikot kleben. Den rechten Arm von hinten anfügen. Den linken Arm so aufkleben, dass der Daumen aus der Tasche schaut.

3 Die Strümpfe auf die Beine und diese hinter die Hosenbeine kleben. Die Schuhe ergänzen. Den Fußball unter den Schuh kleben. Die Zahl auf das Trikot und die orangefarbenen Streifen auf Ärmel, Strümpfe und Schuhe kleben.

4 Die weißen Linien auf den Rasen kleben. Die Fahne zusammensetzen und an der Ecke befestigen, dann den Fußballer auf den Rasen kleben.

5 Zum Schluss die Bemalung übertragen und die Halbperlen auf die weißen Augen kleben.

2

Cowboy

→ im wilden Westen

MOTIVHÖHE
ca. 34 cm

MATERIAL
- Fotokarton in Hautfarbe, Dunkelbraun, Beige und Dunkelgrün, A4
- Fotokartonreste in Weiß, Gelb, Hellgrün, Dunkelblau, Grau, Rotbraun, Schwarz, Hellbraun und Gold
- Karopapierrest in Rot-Weiß
- Filzstifte in Schwarz und Braun
- Buntstifte in Orange, Grün und Braun

VORLAGEN-BOGEN 1B

1 Das beigefarbene Schild auf den dunkelgrünen Streifen kleben und beschriften. Die Löcher mit einem Bürolocher auslochen und den Geldsack aufkleben. Unten die Hufe platzieren.

2 Die Stierschnauze mittig oben am Schild befestigen, den Kopf dahinter kleben, Haare aufsetzen und Hörner ergänzen. Die Augen und Augenbrauen aufkleben.

3 Die hellgrüne Jacke auf die blaue Hose des Cowboys kleben und beides hinter den Stierkopf kleben. Die goldenen Sporen auf die Stiefel kleben, diese dann hinter die Hose und auf das Schild kleben. Ärmel und Hände anfügen.

4 Die Haare hinter dem Kopf, den Pony auf dem Kopf und den Hut hinter dem Kopf anbringen. Das Halstuch auf die Jacke kleben, darauf den Kopf anbringen. Die schwarze Hutkrempe ergänzen.

5 Dann die Bemalung übertragen.

Wilder Westen

Indianer

→ stolz und mutig

MOTIVHÖHE
ca. 25 cm

MATERIAL
- Fotokarton in Hellbraun, A3
- Fotokartonreste in Weiß, Gelb, Dunkelbraun, Hautfarbe, Grün, Dunkelgrün und Grau
- Wollreste in Schwarz
- Filzstift in Schwarz
- Buntstifte in Braun, Rot, Blau, Gelb, Hellgrün, Hellbraun, Orange und Weiß

VORLAGENBOGEN 2A

1 Einige Motivteile gemäß der Abbildung schwarz konturieren. Die Zeltspitze schwarz bemalen, dann oben auf das Zelt die Äste kleben und den Rand darüber platzieren. Das Zelt mit dunkelbraunem Buntstift schraffieren, dann mit Lederstruktur und Mustern bemalen.

2 Den Kaktus zusammenfügen und auf die dunkelgrüne Fläche kleben. Dann dunkelgrün schraffieren und die Stacheln aufmalen. Das Feuer auf das Holz kleben und alles bemalen. Den Pfahl mit Buntstiften bemalen.

3 Das gelbe Teil oben auf den Indianeranzug kleben. Dann den Kopf darauf anbringen. Die langen Haare hinter den Kopf kleben. Drei ca. 20 cm lange Wollfäden zusammenknoten, einen langen Zopf flechten und unten verknoten. Den Zopf in der Mitte mit der Schere durchschneiden und die flachen Wollfäden seitlich entlang der Ohren auf das Gesicht kleben. Das kurze Haarteil über die Zöpfe auf das Gesicht kleben. Das Stirnband anbringen und die Federn hinter dem Kopf befestigen.

4 Die Hand hinter dem Ärmel festkleben und den zusammengefügten Speer anbringen. Dann die Finger darüber kleben. Den zusammengefügten Schild auf den anderen Arm kleben. Dann die Federn ergänzen.

5 Die restliche Bemalung übertragen und die Augen aufkleben.

Wikinger

→ segelt um die Welt

MOTIVHÖHE
ca. 35 cm

MATERIAL

- Fotokarton in Weiß, Hell- und Dunkelblau, Dunkelbraun, Rot und Schwarz, A4
- Fotokartonreste in Gelb, Hautfarbe, Braun, Hellbraun, Rotbraun, Gold, Orange und Hellgrün
- wasserfester Filzstift in Gold
- Filzstifte in Schwarz und Gold
- Buntstifte in Weiß, Hellblau, Orange, Rot und Braun
- Nähgarn in Natur

VORLAGEN-BOGEN 3A+4B

1 Die roten Streifen auf das weiße Segel kleben. Oben den Mast mit der Flagge ergänzen. Die Goldverzierungen auf den Schiffsrumpf kleben. Dann den schwarzen Innenraum des Schiffes aufkleben.

2 Die Ausschnitte aus der hellblauen Welle ausschneiden und dann auf die dunkelblaue Welle kleben. Nun das Schiff darauf platzieren.

3 Den Schild einmal komplett in Hellbraun ausschneiden. Die farbigen Kreissegmente direkt nebeneinander aufkleben und mittig den gelben Kreis ergänzen. Dann auf das Schiff kleben.

4 Auf dem Haarschopf das Ohr befestigen und dann auf das Gesicht kleben. Das andere Haarteil hinter dem Kopf anbringen. Die Hörner hinter dem Helm aufkleben und dann dem Wikinger aufsetzen. Den Kopf auf das Shirt kleben und die Weste ergänzen. Die Hose hinter den Oberkörper kleben. Die Schuhe mit Nähgarn umwickeln und hinten verknoten, dann auf die Füße kleben und die Beine hinter die Hosenbeine kleben.

5 Die Arme ankleben und das Paddel auf die Hand kleben. Die Finger darüber platzieren. Den Wikinger auf das Schiff setzen und das Segel dahinter kleben. Die restliche Bemalung übertragen und das Gesicht gestalten.

Ritter

→ tolles Türschild

MOTIVHÖHE
35 cm

MATERIAL
- Fotokarton in Hell- und Dunkelgrau, A4
- Fotokartonreste in Weiß, Gelb, Blau, Rot, Silber, Hautfarbe, Schwarz, Hellgrün und Hellblau
- Hologrammfolie in Silber
- Filzstift in Schwarz
- Buntstifte in Rot und Grau

VORLAGENBOGEN 3B

1 Die Steine auf den Turm kleben. Das Fenster aus Hologrammpapier aufkleben und aus Fotokarton ausgeschnittene Buchstaben darauf platzieren.

2 Die Fahne zusammensetzen und hinter dem Mast ankleben. Oben einen mit dem Bürolocher ausgestanzten Punkt aus Hologrammfolie aufsetzen. Die Fahne seitlich hinter die Mauer kleben. Den Schild zusammensetzen und das Kreuz aus Hologrammfolie von vorne aufkleben.

3 Visier und Kragen mit einem Cutter einritzen. Die Haare auf das Gesicht kleben. Den Helm und das Visier darüber platzieren. Die Schrauben auslochen und befestigen. Von hinten die Federn ergänzen.

4 Den Kopf auf den Kragen kleben, dahinter das Hemd anbringen. Den Ritter hinter die Mauer kleben. Das Schwert zusammensetzen. Beide Hände auf die Mauer kleben. Den bemalten Schild hinter die Mauer kleben.

5 Die Steine mit grauem Buntstift schraffieren und die restliche Bemalung übertragen.

Tipp: Möchten Sie die Buchstaben nicht ausschneiden, kleben Sie einfach etwas weißes Papier auf das Fenster und schreiben den Namen mit Buntstift darauf.

LARS

Gladiator

→ kennt keine Gefahr

MOTIVHÖHE
ca. 27 cm

MATERIAL
- Fotokarton in Dunkelbraun, A4
- Fotokartonreste in Weiß, Gelb, Orange, Hellbraun, Gold, Silber, Rot, Schwarz und Beige
- Filzstifte in Gold und Schwarz
- Buntstifte in Rot, Braun und Weiß
- Fineliner in Gold und Schwarz

VORLAGENBOGEN 3A

1 Die Säule bemalen. Die silberne Schale bemalen und hinter die Säule kleben. Das Feuer mit Buntstiften schraffieren und in die Schale kleben.

2 Die Teile für den Löwen schwarz konturieren. Aus der braunen Mähne mit dem Cutter den Ausschnitt für das Gesicht ausschneiden und dann auf den Löwenkörper kleben. Das rechte Ohr aufkleben. Zähne und Zunge auf die Schnauze malen. Die schwarze Nase aufkleben und das gesamte Motivteil auf das Löwengesicht kleben. Das Fell mit braunem Buntstift schraffieren. Augen und alle Verzierungen aufmalen.

3 Einige Motivteile für den Gladiator gemäß Abbildung schwarz konturieren. Auf den Gladiatorkörper den roten Lederriemen, den weißen Rock mit Gürtel und die vier goldenen Arm- und Beinschienen aufkleben. Die Schwertklinge hinter den Griff kleben und das Schwert auf die Hand kleben. Die Finger darüber platzieren. Den Schild zusammensetzen, indem der rote Punkt auf das goldene Quadrat und dieses auf den silbernen Schild geklebt wird. Den schwarzen Rahmen hinterkleben. Alles auf den Arm und teilweise aufs Bein kleben. Den goldenen Helmriemen auf der einen Seite auf das Gesicht und auf der anderen Seite hinter das Gesicht kleben. Nun den silbernen Helm aufsetzen, die Federn und die schwarze Helminnenseite dahinter setzen. Augen aufkleben, Mund aufmalen und alle restlichen Konturen mit Finelinern aufmalen.

Pirat

→ auf Beutezug

MOTIVHÖHE
ca. 34 cm

MATERIAL
- Fotokarton in Haut, Hellblau und Türkis, A4
- Fotokartonreste in Weiß, Silber, Hellgrün, Rot, Schwarz, Gold, Gelb, Orange, Hellbraun und Grau
- Tonpapierrest in Rot mit weißen Punkten
- Fotokartonrest in Blau-Weiß gestreift
- Hologrammpapierrest in Silber
- Schreibmaschinenpapier in Weiß
- Wollrest in Schwarz
- Filzstifte in Schwarz, Orange, Rot, Grün und Blau
- Buntstifte in Orange, Braun, Grün und Blau
- insgesamt 3 Strasssteine in Hellblau, ø 3 mm und ø 6 mm

VORLAGENBOGEN 3B

1 Die bemalte und mit goldenen Streifen verzierte Schatzkiste sowie die Haiflosse hinter die türkisfarbene Welle kleben. Die hellblaue Welle dahinter kleben. Fische und Blubberblasen (mit dem Bürolocher auslochen) ergänzen.

2 Den Pullover auf die grüne Hose, die Arme hinter den Pullover kleben. Die Beine hinter den Hosenbeinen anbringen. Den Kopf auf den Pullover kleben. Von hinten das Kopftuch anbringen. Wollhaare aufkleben, den Ohrring ergänzen. Das Gesicht bemalen.

3 Die Hände hinter die Ärmel kleben. Eine Papierrolle in die rechte Hand kleben. Dazu ein ca. 5 cm x 3 cm großes, weißes Schreibmaschinenpapier aufrollen. Die Rolle auf die Hand kleben, diese etwas einrollen und auf das Papier kleben. Die bemalte Krabbe an die andere Hand kleben, Strasssteine auf sie kleben.

4 Den Säbel mit Hologrammfolie und Strasssteinen schmücken und seitlich auf die Hose kleben. Den roten Flicken auf der Hose ergänzen. Die schwarzen Knochen mittig auf dem Pullover platzieren. Dann die restliche Bemalung übertragen.

Polizist

→ regelt den Verkehr

MOTIVHÖHE
ca. 38 cm

MATERIAL
- Fotokartonreste in Weiß, Gelb, Dunkel-, Hell- und Mittelblau, Hautfarbe, Grau, Silber und Rot
- 2 Halbperlen in Schwarz, ø 5 mm
- Filzstift in Schwarz
- Buntstifte in Weiß und Orange

VORLAGEN-BOGEN
2A + 4A

1 Für den Polizisten die Haare auf den Kopf kleben, darüber die Mütze mit weißem Streifen und Stern fixieren. Die Krawatte auf das Hemd kleben, darüber den Kragen und den Kopf kleben. Die Hose an das Hemd kleben, den Gürtel mit Schnalle und ausgelochten Ösen aufkleben, dann die Gürtelschlaufen aufkleben. Die Pistole mit Holster ergänzen. Die Schuhe hinter der Hose befestigen.

2 Die Arme hinter die Ärmel kleben. Die Kelle zusammensetzen und den Griff auf die Hand kleben. Die Finger darüber platzieren. Auf das andere Handgelenk die Armbanduhr kleben. Das Gesicht gestalten und die restliche Bemalung übertragen.

3 Hinter das silberne Fahrgestell oben die zusammengefügte Lampenleiste mit Blaulicht ankleben, unten die schwarze Stoßstange hinterkleben. Die Reifen mit Radkappen bekleben und anfügen. Das Nummernschild hinzufügen. Die Windschutzscheibe aufkleben. Die Seitenfenster daneben platzieren. Die blauen Lackstreifen auf der Kühlerhaube und an den Seiten anbringen. Beide Seitenspiegel ankleben. Die weißen Lichter auf die gelben Scheinwerfer kleben und die Lichter seitlich vorn auf das Auto kleben. Den schwarzen Kühlergrill mit zwei Quadraten und einem Kreis ausstatten und mittig dazwischen setzen. Den Schriftzug und den Lüftungsschlitz aufkleben.

HALT
POLIZEI
OLIZEI

Bauarbeiter

→ fleißig bei der Arbeit

MOTIVHÖHE
ca. 32 cm

MATERIAL

- Fotokartonreste in Weiß, Gelb, Hautfarbe, Dunkel- und Hellbraun, Schwarz, Rot, Hell-, Mittel- und Dunkelblau, Orange, Silber und Grau
- Karokartonrest in Weiß-Grün
- 2 Halbperlen in Schwarz, ø 3 mm
- Filzstift in Schwarz
- Buntstifte in Orange und Grau

VORLAGENBOGEN 4B

1 Das Verkehrsschild bemalen und auf das rote Dreieck kleben. Unten die silberne Stange ankleben. Die Schaufel zusammensetzen und die orangefarbenen Streifen auf die Hütchen kleben (die Teile für die Hütchen vor dem Zusammenfügen schwarz kontuieren). Die weiße Absperrung auf die Ständer kleben und die roten Streifen ergänzen.

2 Den Pony auf das Gesicht, die Haare dahinter kleben. Das Gesicht gestalten. Den schwarz konturierten Helm hinter dem Kopf befestigen. Den Hals auf den Kragen setzen und diesen auf dem Hemd platzieren. Die weißen Manschetten ergänzen. Hände und Arme hinter die Ärmel kleben. Die Hose auf dem Oberkörper fixieren und die Hosenträger anbringen. Knöpfe und Laschen ankleben.

3 Das Lineal hinter die schwarz konturierte Tasche und diese dann auf das Hosenbein kleben. Die Brusttasche ankleben. Die Schuhe auf die Hosenbeine kleben, beim rechten Schuh die Sohle ergänzen. Die Schaufel und die Maurerkelle in die Hände kleben.

4 Die Erdklumpen auf den Boden kleben und dann alle Teile auf dem Untergrund fixieren. Die Hütchen verteilen. Dann die restliche Bemalung übertragen.

Spannende Urzeit

→ Türschild für Dinofans

MOTIVHÖHE
ca. 36 cm

MATERIAL
- Fotokarton in Hellblau, A3
- Fotokartonreste in Weiß, Gelb, Hautfarbe, Oliv-, Mittel- und Hellgrün, Grau, Hellbraun, Schwarz, Lila, Beige, Dunkelbraun und Hell-orange
- Glitter-Gelstift in Lila
- Filzstift in Schwarz
- Buntstifte in Rot, Orange, Grün, Lila, Rosa und Braun

VORLAGENBOGEN 4A

1 Das Feuer bemalen und hinter den Vulkan kleben. Hinter dem Feuer den schwarzen Rauch und die graue Wolke anbringen. Den Vulkan hinter den hellblauen Kreis kleben.

2 Die Mundhöhle hinter das Dinosauriermaul kleben, bemalen und die Zähne von vorne ergänzen. Den Dinosaurier auf den Hintergrund kleben. Den olivfarbenen Berg vor dem Tier befestigen. Die Krallen hinter die Klaue kleben und den Arm auf dem Körper und teilweise auf dem Berg platzieren. Den zweiten Arm mit Krallen versehen.

3 Dem zweiten Dinosaurer die Hörner ankleben und den Kopf auf den Körper setzen. Das Kopfschild schwarz konturieren. Das Tier auf den Berg kleben und davor die Eier legen. Die Pflanzen übereinander platzieren und links auf dem Berg befestigen.

4 Buchstaben entweder frei Hand ausschneiden und aufkleben oder aufmalen.

CARL

Drachenkämpfer

Beschreibung auf Seite 30

Drachenkämpfer

→ ein wahrer Held

MOTIVHÖHE
Ritter ca. 35 cm

MATERIAL RITTER
- Fotokarton in Weiß, A3
- Fotokarton in Dunkelrot, A4
- Fotokartonreste in Hellrot, Silber, Gold, Hautfarbe, Grau und Schwarz
- wasserfeste Filzstifte in Gold und Schwarz
- Filzstift in Schwarz
- Buntstifte in Orange und Grau
- 2 Halbperlen in Schwarz, ø 3 mm

DRACHEN
- Fotokarton in Olivgrün, A3
- Fotokartonreste in Gelb und Hellgrün
- Filzstift in Schwarz
- Buntstifte in Rot, Orange, Grün, Hellgrün und Weiß

VORLAGENBOGEN 2B

Ritter

1 Die Teile für das Pferd und den Ritter gemäß Abbildung schwarz konturieren. Dem Pferd die Mähne aufkleben. Das Ohr platzieren und das Zaumzeug über dem Ohr und unter der Mähne befestigen. Die goldene Schnalle auslochen und anbringen. Die Hufe an die Beine kleben und den schwarzen Sattel anbringen. Dann den vorderen Umhang auf das Pferd kleben, diesen dabei unter das Maul schieben.

2 Für den Ritter das Gesicht hinter den Helm kleben, Visier und Federschmuck platzieren. Den Ritter auf das Pferd setzen. Die Lanze schräg anbringen und mit Fahne und Spitze ausstatten. Den dunkelroten Umhang auf den hellroten kleben und auf dem Hinterteil des Pferdes anbringen. Den Schild zusammensetzen und aufkleben. Die Hand fixieren.

3 Die Schnauze sowie das Fell mit grauem Buntstift andeuten. Alles gemäß Abbildung und Vorlage bemalen.

Drachen

1 Bis auf die Flammen alle Teile schwarz konturieren. Das hellgrüne Ohr auf den Drachenkopf kleben und das dunkelgrüne darüber fixieren. Die gelbe Flamme mit roten und orangefarbenen Buntstiften sowie mit schwarzem Filzstift bemalen und hinter die Schnauze kleben.

2 Die beiden Vorderbeine auf den Drachen kleben. Den hellgrünen Flügel auf den Rücken kleben.

3 Die Zähne und Krallen mit Buntstift weiß bemalen und das Auge aufmalen. Die restliche Bemalung übertragen. Den Bauch mit hellgrünen und grünen Buntstiften schraffieren.

Roboter

→ aus fernen Galaxien

1 Das Motiv mit allen Linien mithilfe von Transparentpapier von der Vorlage abpausen, dann ausschneiden. Einige Motivteile (mit Strichen markiert) mit dem Cutter aus dem Motiv herausschneiden. Alles schwarz konturierem. Den lila Helm auf den Kopf kleben. Das Schwert hinter die Hand und halb auf das Bein kleben. Die zweite Hand anbringen.

2 Den ausgeschnittenen Roboter unter das Transparentpapier legen und alle Konturen mit einem Bleistift fest durchdrücken. Diese Linien mit schwarzem Filzzstift und mit Glitter-Gelstift gemäß der Abbildung nachzeichnen.

MOTIVHÖHE
ca. 30 cm

MATERIAL
- Fotokarton in Hellblau, A4
- Fotokartonrest in Lila
- 2 Halbperlen in Schwarz, ø 3 mm
- Glitter-Gelstift in Lila
- Filzstift in Schwarz

VORLAGENBOGEN 2A

DIESES BUCH ENTHÄLT 4 VORLAGENBOGEN

Hilfestellung zu allen Fragen, die Materialien und Bastelbücher betreffen: Frau Erika Noll berät Sie.
Rufen Sie an: 05052/911858*

*normale Telefongebühren

IMPRESSUM

FOTOS: frechverlag GmbH, 70499 Stuttgart; Fotostudio Ullrich & Co., Renningen
DRUCK: frechdruck GmbH, 70499 Stuttgart

Auflage: 5. 4. 3. 2. 1.
Jahr: 2011 2010 2009 2008 2007 [Letzte Zahlen maßgebend]

ISBN: 978-3-7724-3659-8
Best.-Nr. 3659